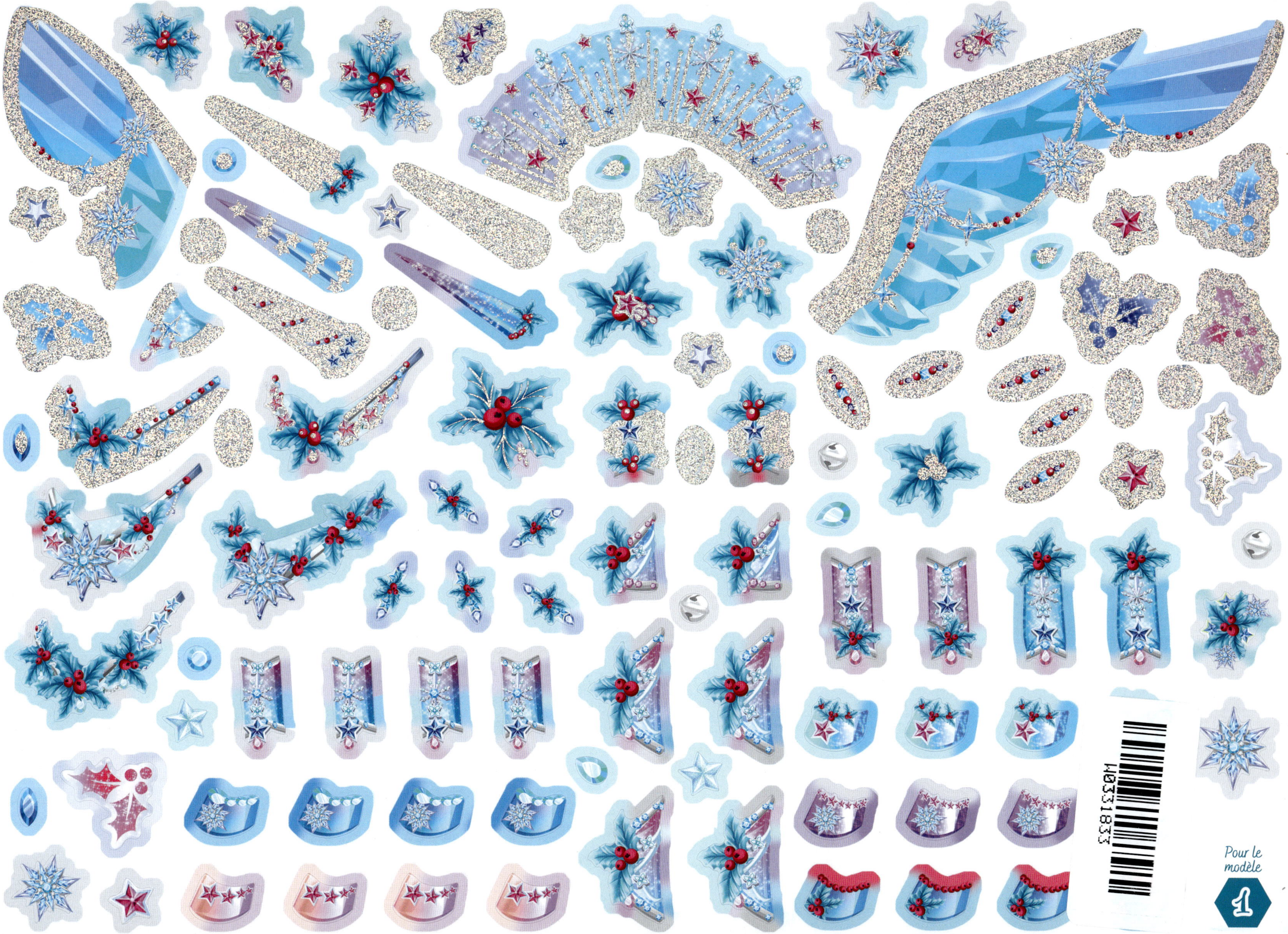

Pour le modèle

1

Pour le modèle
2

Pour le modèle
8

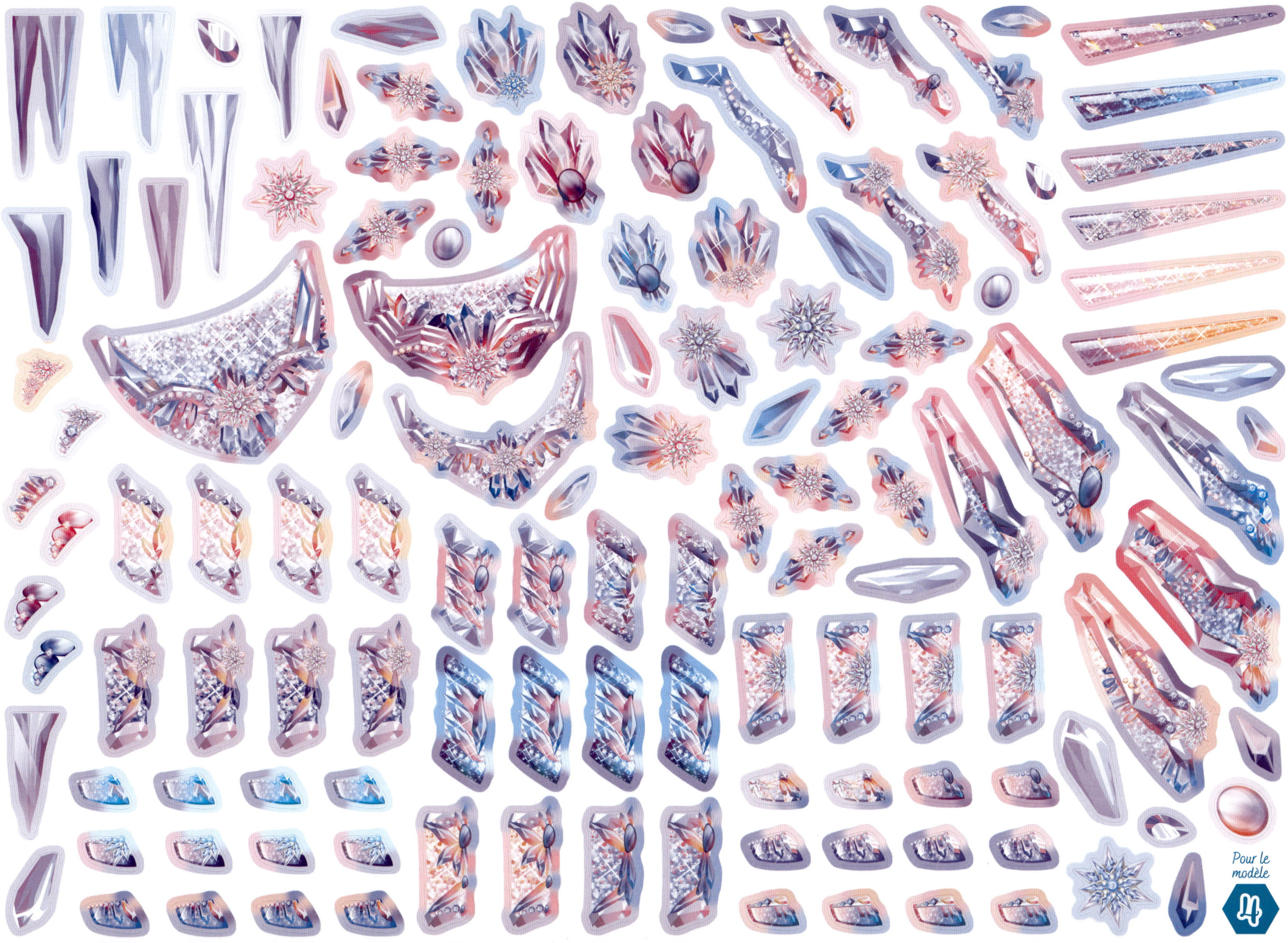

Pour le modèle

4

Pour le modèle
5

Planche de motifs
« glacés »
à découper pour t'inspirer

Magie des glaces

Grâce aux pouvoirs magiques des licornes, le sol se couvre de neige et de fleurs de glace scintillantes. Le monde est plongé dans une ambiance givrée enchantée !

Estrella et Flocon

Habitat :
Le bois du houx illuminé.

Alimentation :
Feuilles de houx.

Pouvoirs :
Avec leurs sabots argentés, les deux licornes font pousser des fleurs des neiges couvertes de flocons givrés.

Glacéa

Habitat :
Les plaines gelées.

Alimentation :
Feuilles glacées.

Pouvoirs :
D'un battement d'ailes, Glacéa fait tomber une neige aux reflets brillants.

Cristalia

Habitat :
La caverne aux cristaux.

Alimentation :
Roches glacées.

Pouvoirs :
Cristalia vit dans une grotte glaciale où scintillent des cristaux de diamant.

Luminéa

Habitat :
La forêt des sapins dorés.

Alimentation :
Pépites d'or.

Pouvoirs :
Luminéa vit dans une forêt où les sapins sont illuminés de givre éternel. Elle peut transformer en or tout ce qu'elle touche avec sa corne.

Les licornes et les fées du lac gelé

Habitat :
La clairière gelée.

Alimentation :
Baies givrées.

Pouvoirs :
Les licornes créent, avec leur souffle givré, un lac de glace sur lequel les fées peuvent patiner.

Glacéa
1

1

1

2

Estrella et Flocon
3

3

3

Cristalia
4

4

4

Les licornes et les fées du lac gelé
5

MANDALA
glacé

ACTIVITÉ *gourmande*

Un chocolat pour se réchauffer !

Glacéa te donne sa recette de chocolat chaud enchanté, pour ne plus jamais avoir froid !

Pour 2 tasses de chocolat chaud
• 100 g de chocolat pâtissier • 50 cL de lait
• de la chantilly en bombe • de petites guimauves
• quelques décorations à pâtisserie

1 *Coupe le chocolat en petits morceaux. Avec tes parents, fais le fondre dans une casserole à feu très doux, avec deux cuillères à soupe de lait.*

2 *Ajoute le reste du lait au fur et à mesure, sans cesser de remuer.*

3 *Verse le chocolat chaud dans ta tasse. Attention de ne pas te brûler !*

4 *Nappe de chantilly, et ajoute quelques guimauves, quelques vermicelles, et pourquoi pas, un bâtonnet de chocolat !*

MANDALA *glacé*

CODE secret

Quel est ton code licorne ?

Savais-tu que les licornes possédaient un code secret ? Elles utilisent un alphabet magique qui leur permet de communiquer avec leurs meilleures amies.

Elles te dévoilent ici leur secret le plus précieux, afin que tu puisses l'utiliser pour coder tes propres messages.

A : ✿	H : ⊘	O : ★	V : ↑
B : ♡	I : ✖	P : ☮	W : ◎
C : △	J : »	Q : ◆	X : ●
D : ♂	K : ☀	R : ▞	Y : ‖
E : ▼	L : ♠	S : ⇢	Z : ✚
F : ♀	M : ↓	T : ☆	
G : ⚡	N : ✶✶	U : ♥	

Écris ton code secret :

Entraîne-toi à parler la langue magique des licornes, en écrivant ton prénom ci-dessous :

Tu peux aussi écrire des messages à tes ami(e)s.

NOM *magique*

Quel est ton nom de licorne ?

Les licornes des glaces aiment donner des surnoms aux humains qu'elles apprécient. Ici, elles te dévoilent leur méthode secrète, afin que tu puisses découvrir ton nom magique de licorne !

Prends la première lettre de ton prénom et ton mois de naissance, et associe les mots qui y correspondent. Tu découvriras ton nom magique de licorne.

A : Étincelle
B : Bonheur
C : Joyau
D : Tourbillon
E : Arc-en-ciel
F : Clochette
G : Nuage
H : Pétale
I : Bulle
J : Comète
K : Flamme
L : Crinière
M : Ouragan
N : Saphir
O : Lune
P : Diamant
Q : Fleur
R : Flocon
S : Princesse
T : Perle
U : Rêve
V : Pelage
W : Galaxie
X : Poudre
Y : Esprit
Z : Soleil

Janvier : féérique
Février : magique
Mars : gourmand(e)
Avril : pailleté(e)
Mai : lumineux(se)
Juin : glacé(e)
Juillet : doré(e)
Août : enflammé(e)
Septembre : enchanté(e)
Octobre : merveilleux(se)
Novembre : étoilé(e)
Décembre : floral(e)

Écris ici ton nouveau nom magique :

....

Tu peux aussi écrire le nom de ton (ou ta) meilleur(e) ami(e), de tes parents, de tes frères ou soeurs, etc.

....

....

....

....